AF562686

DECLARATION DV ROY,

PORTANT REFORMATION des Habits ; Et deffences de porter Passements d'Or, d'Argent, & toutes sortes de Dentelles de Fil, & Poinct-Coupé.

Verifiée en la Cour de Parlement le 2. Decembre 1639.

A PARIS,
Par PIERRE ROCOLET, Imprim. & Libraire ordinaire du Roy, au Palais, aux Armes du Roy, & de la Ville.
M. DC. XXXIX.
Auec Priuilege de sa Majesté.

LOVIS par la grace de Dieu, Roy de France & de Nauarre: A tous ceux qui ces preſentes Lettres verront: Salut. Conſiderant les grandes & exceſsiues deſpences où le luxe & les ſuperfluitez engagent nos ſujets, & particulierement noſtre Nobleſſe, nous aurions par diuerſes fois eſſayé d'apporter quelque remede à ce mal par nos Declarations, qui portent deffences de ſe ſeruir de broderies, & paſſemẽts d'or & d'argent, des dentelles, paſſements, broderies de fil, & autres ouurages qui s'appliquent ſur la toille: Mais quelque ſoin que nous y ayons peû apporter, nous voyons (à nostre grand regret) que nos bonnes intentions ont esté jusques icy sãs aucun fruict, soit par vne inclination naturelle de nosdits sujets à ces despences superfluës, excitez par l'industrie des Marchands auides de gain, soit aussi par vne negligéce des Magistrats à faire obseruer nos Reglemens. Et comme nous ne nous relaschons jamais des soins que nous voulons auoir pour le bien de nosdits sujets, Nous auons pensé qu'vne plus longue tollerance de ce desordre seroit vn moyen infaillible pour les porter à leur ruïne, qui seroit de grand prejudice à nostre Estat, & tres-aduantageux à nos Ennemis, qui profitent de ces superfluitez, qui se tirent la pluspart de chez eux. A quoy donc voulãt pourvoir, & considerãt que la permission que nous auons donnée à nosdits sujets par nos precedentes Declarations, de pouuoir porter des baudriers, cordons de chapeaux, esguillettes & jartieres d'or & d'argent, & des dentelles & passements de fil jusques à vn certain prix, peut auoir esté la cause de l'abus qui s'est introduit; Nous auons estimé que par vne deffence generale de l'vsage d'or & d'argent, & mesmes des passements, dentelles, & autres ouurages de fil generallement quelconques, nos Reglemens seroient plus exactement obseruez: Sçauoir faisons, qu'apres auoir mis cét affaire en deliberation en nostre Conseil; DE L'ADVIS d'iceluy, & de nostre certaine science, plaine puissance & autorité Royale, Nous auons statué & ordonné, statuons & ordonnons par ces presentes ce qui ensuit.

PREMIEREMENT.

Faiſons tres expreſſes inhibitions & deffences à tous nos ſujets, de quelque qualité & condition qu'ils ſoient, de porter és habits ou ornemens, comme cordons, baudriers, ceintures, porte eſpées, eſguillettes, eſcharpes, jartieres, nœuds, rubans, tiſſus, ou tels autres ornemens qui puiſſent eſtre, aucunes eſtoffes d'or & d'argent, ou barrées, & meſlées d'or ou d'argent, fin ou faux.

II.

Comme pareillement deffendons de mettre ſur leſdits habits, ou autres ornemens, aucune broderie, piqueures, emboutiſſemens, chamarreures de paſſement, boutons, houppes, cheſnettes, porfilleures, canetilles, paillettes, nœuds de ſoye, ou d'or ou d'argent, fin ou faux, trait ou filé, ou de gex, ou autre choſe ſemblable qui pourront estre cousuës & appliquées eu forme de broderie, & dont les habits ou autres ornemens puissent estre couuerts & enrichis.

III.

Deffendons aussi de faire appliquer sur lesdits habits, ou autres ornemens, aucunes pierreries, perles, boutons d'or ou d'argent, simple ou doré, cuivre ou laton doré ou émaillé, & tel autre façon d'orfevrerie quelle qu'elle puisse estre.

IIII.

Voulons que les plus riches & somptueux habillemens soient de velours, satin, taffetas, & autres étoffes de soye, sans aucun enrichissemét que de deux passements ou dentelles de soye, de hauteur de deux doigts au plus; lesquelles dentelles seront appliquées sur les estoffes des habits, sans aucune estoffe entre-deux: sçauoir sur les habits des hommes, deux à l'entour du collet, & bas de leurs manteaux, & sur le long & canon de leurs chausses, ouuerture des manches, haut de manches, au milieu du dos, & le long des boutons & boutonnieres; & aux extremitez des basques, des pourpoincts, ou juppes.

V.

Et au lieu desdits passements & dentelles, permettrons à nosdits sujets de mettre sur leursdits habits, quatre rangs au plus de boutons ordinaires de soye, & vn rang de boutons à queüe de soye, aux endroits des habits specifiez cy-dessus.

VI.

Et quand aux habits des femmes, filles & enfans portans robbes, lesdits passements y seront appliquez, sans pouuoir mettre aucune estoffe entre-deux, ainsi que dessus:

dessus : sçauoir deux passements & dentelles de la susdite largeur à l'entour du bas, & au deuant des robbes & juppes, sur le milieu des manches, autour des basques, & corps de robbes & juppes.

VII.

Deffendons en outre à tous nos sujets, de quelle qualité & condition qu'ils soient, de faire porter à leurs Pages, Laquais, & Cochers, aucuns habits de soye, ou bādez de velours, satin, ou autre estoffe de soye : Voulons qu'ils soient vestus d'estoffe de laine, auec deux galons sur les coustures & extremitez des habits seullement.

VIII.

Voulons & entēdons que ceux de nosdits sujets qui se trouuerōt cōtreuenans aux susdites deffences, soient condamnez en quinze cens liures d'amande, applicable les deux tiers à l'Hospital principal du lieu où les contrauentions seront faites, & l'autre tiers au dénonciateur: voulās que les habillemens, & autres ornemens qui seront contre nos deffences, soient pareillemēt confisquez, dont la moitié sera appliquée au profit du dénonciateur, & l'autre moitié au Commissaire, Archers & Sergens, qui les auront pris; n'entendons neantmoins comprendre aux susdites deffences les gardes d'espées, & les bouts des fourreaux desdites espées, & les esperons.

IX.

Deffendons à tous Tailleurs, Brodeurs, Pourpoinctiers, Chaussetiers, & autres ouuriers, tant de nostre suitte, que demeurans aux Villes ou ailleurs, de faire, ou faire faire aucuns habillemens, & autres choses cy-dessus deffenduës, sur peine (s'ils sont trouuez contreuenans) pour la premiere fois de confiscation des estoffes & habits, & de trois cens liures d'amande, applicable comme dessus ; & pour la seconde (outre ladite confiscation & amande) d'estre priuez de l'exercice de leur mestier, & de punition corporelle.

X.

Desirans pareillement empescher les despences excessiues qui se font en passements, dentelles, & autres ouurages de fil, Nous faisons tres-expresses inhibitions & deffences à tous nos sujets, de quelque qualité & condition qu'ils soient, de porter (huit jours apres la publication de la presente Declaration) en leurs linges, collets, manchettes, bas à botter, & generallement en tous autres linges aucuns passements, dentelles, entre-toilles, découpeures, ny languettes, poinct de Gennes, Pontignacs, poincts-coupez, ou autres ouurages de fil quelconque; ny pareillement faire appliquer sur lesdits collets, manchettes, ou autres linges, aucunes broderies de soye, d'or, d'argent, ou de fil, ny de mettre sous les collets & manchettes autre chose que de la toille simple, sans aucune façon. Voulons que ceux de nosdits sujets qui se trouuerót auoir contreuenu aux susdites deffences, soient condamnez en quinze cens liures d'amande, applicable, sçauoir les deux tiers à l'Hospital principal; & pour l'autre tiers, auec les ouurages qui seront contre nos deffences, que nous voulons estre confisquez, la moitié sera appliquée au denonciateur, & l'autre moitié au Commissaire, Archers & Sergens qui les auront pris.

XI.

Declarons neantmoins n'entendre comprendre aux susdites deffences les ouurages qui se ferōt pour seruir dans les Eglises, permettans aux Ecclesiastiques de faire appliquer à leurs Rochets, Surplis, Aubes, & autres choses qui leur sont necessaires pour le seruice de l'Eglise, toute sorte de passement & ouurage de fil.

XII.

Et d'autant que les marchands Lingers sont la principalle cause du luxe & despences excessiues qui se sont faites par nos sujets, Nous leur faisons tres-expresses inhibitions & deffences, & à tous nos autres sujets, de quelque qualité & condition qu'ils soient, d'achepter ny faire trafic d'aucuns ouurages de passemens faits hors nostre Royaume, ny mesme d'achepter, ny faire trafic de poincts-coupez, ou autres ouurages de fil, faits en nostre Royaume, imitans les ouurages des pays estrangers, fors des passements de hauteur d'vn pouce, que nous permettons estre faits par nos sujets, & acheptez par lesdits Marchands, & qui pourront estre vendus seullement pour estre mis aux ouurages seruans à l'Eglise.

XIII.

Et en cas de contrauention à nosdites deffences par lesdits Marchãds ou autres nos sujets, Nous voulons que les marchandises qui seront par eux acheptées soient bruslées, & en outre que les contreuenans soient condamnez en quinze cens liures d'amande, applicable ainsi que dessus. Voulons de plus, que toute la marchandise des Marchãds qui ſe trouueront auoir trafiqué, tāt dedans que dehors noſtre Royaume, deſdits ouurages cy-deſſus deffendus, ſoit bruſlée, & leſdits Marchands condamnez en ſix mille liures d'amande, applicable comme deſſus, & priuez pour jamais de faire aucune exercice de marchandiſe, ny d'aucune autre charge.

XIIII.

Et affin que leſdits Marchands ne prennent occaſion de continüer ledit trafic, ſuppoſans que ce ſont marchandiſes qu'ils auoient auant noſtre preſent Edict: Voulons & ordonnons que quinzaine apres la publication d'iceluy, ils ſe tranſportēt és Greffes des Iuriſdictions ordinaires des lieux où ils seront demeurās & domiciliez, pour là affirmer & declarer la quantité qu'ils ont pardeuers eux deſdites marchandiſes, dōt ils laisseront vn inuentaire signé d'eux : Sur lequel inuentaire enjoignons ausdits Iuges ordinaires de faire la visite desdites marchandises en presẽce des Maistres & Gardes de la marchandise, sans que pour ce ils puissent prendre ny exiger aucun salaire.

XV.

Enjoignons pareillement aux Maistres Gardes desdites marchandises de veiller & tenir la main, à ce qu'il ne s'achepte & débite aucunes des marchandises & ouurages deffendus dans les boutiques des Marchands, & faire incontinent le rapport à la Police des contrauentions qui seront faites, à peine d'estre priuez, pour leur negligẽce, de pouuoir jamais exercer la marchandise.

XVI.

Voulons & entendons que les Senten-

Sentences & Iugemens des confiscations & amandes qui seront rendus à l'encontre des contreuenans à nos presentes deffences soient executez, nonobstant oppositions ou appellations quelconques, & sans préjudice d'icelles. SI DONNONS EN MANDEMENT à nos amez & féaux Conseillers les Gens tenans nos Cours de Parlemens, Baillifs, Seneschaux, Iuges, ou leurs Lieutenans, & à tous nos autres Iusticiers & Officiers qu'il appartiendra, que ces presentes ils facent lire, publier, registrer, executer, garder & obseruer inuiolablement, selon leur forme & teneur. Enjoignons à nos Procureurs generaux, leurs Substituds, y tenir la main & faire toutes les diligences requises & necessaires pour ladite execution:

Car tel est nostre plaisir. En tesmoin dequoy nous auons fait mettre nostre scél à cesdites presentes. Donné à S. Germain en Laye le 24. iour de Nouembre, l'an de grace 1639. Et de nostre regne le trentiéme.

Signé,

LOVIS.

Et plus bas,

Par le Roy,

DELOMENIE.

Et scellé du grand sceau de cire jaune.

Et encor est escrit,

Leües, publiées, & registrées, ouy & ce requerant le Procureur general du Roy, pour estre executée, gardée & obseruée, selon leur forme & teneur, & aux charges contenües au Registre du deuxiéme de ce mois ; Qui sont, qu'en consequence desdites Lettres, à ce que fraude ne soit faite à l'execution d'icelles, conformément aux Arrests precedens ; Ladite Cour fait iteratiues inhibitions & deffences à toutes personnes, de porter fraises ou collets où il y ait, tant dessus que dessous, aucunes découpeüres de toille, papier, ou velin, & peintures ; ny mettre ou faire mettre aux linceuls & draps de lict aucuns passements, dentelles, ou poinct couppé, sur les peines portées par lesdites Lettres : Enjoinct aux Officiers & Iuges ordinaires des lieux, de tenir la main à l'execution desdites Lettres & Arrest ; & coppies collationnées d'icelles, ennoyées aux Bailliages & Seneschaussées de ce ressort, pour y estre pareillement leües, publiees, registrées & executées, à la diligence des Substituds du Procureur general, qui en certiffierōt la Cour auoir ce fait au mois. Fait en Parlement le cinquiéme iour de Decembre mil six cens trente-neuf;

Signé,

DV TILLET.

www.ingramcontent.com/pod-product-compliance
Lightning Source LLC
LaVergne TN
LVHW020452230826
846091LV00008BA/3168

* 9 7 8 2 3 2 9 3 2 3 0 4 6 *